AF280555

Anni König

UNSER KLAPPER STORCH KUGELT RUM!

Federleicht zum
Wunschkind

edition riedenburg

Bibliografische Information der Deutschen Nationalbibliothek:
Die Deutsche Nationalbibliothek verzeichnet diese Publikation in der Deutschen
Nationalbibliografie; detaillierte bibliografische Daten sind im Internet über
http://dnb.d-nb.de abrufbar.

Hinweis:

Das Werk einschließlich aller seiner Teile ist urheberrechtlich geschützt. Jede Verwertung außerhalb der Bestimmungen des Urheberrechtsgesetzes ist ohne schriftliche Zustimmung des Verlags unzulässig und strafbar. Dies gilt insbesondere für Vervielfältigungen, Übersetzungen, Mikroverfilmungen und die Einspeicherung und Verarbeitung in elektronischen Systemen.

Ortsangaben, Personennamen und (homöopathische und andere) Medikamentenbezeichnungen sind fingiert, Wirkstoffbezeichnungen sind allerdings korrekt. Übereinstimmungen mit lebenden oder toten Personen sind rein zufällig und nicht beabsichtigt.

Das persönliche Erleben und die schriftlichen Ausführungen der Autorin sind subjektiv. Das vorliegende Buch versteht sich nicht als medizinischer Ratgeber, die Autorin hat keine medizinischen Fachkenntnisse und berichtet über Begebenheiten, die sich in ihrer Erinnerung so zugetragen haben.

Alle Angaben erfolgen ohne Gewähr. Weder Autorin noch Verlag können für eventuelle Nachteile oder Schäden, die aus den im Buch vorliegenden Informationen resultieren, eine Haftung übernehmen. Befragen Sie im Zweifelsfall bitte Hebamme, Stillfachpersonal, Arzt oder Apotheker.

Markenschutz:

Dieses Buch enthält eingetragene Warenzeichen, Handelsnamen und Gebrauchsmarken. Wenn diese nicht als solche gekennzeichnet sein sollten, so gelten trotzdem die entsprechenden Bestimmungen.

1. Auflage	Oktober 2012
© 2012	edition riedenburg
Verlagsanschrift	Anton-Hochmuth-Straße 8, 5020 Salzburg, Österreich
Internet	www.editionriedenburg.at
E-Mail	verlag@editionriedenburg.at
Lektorat	Dr. Heike Wolter, Regensburg
Illustrationen	Anni König
E-Mail	anni.koenig@editionriedenburg.at
Satz und Layout	edition riedenburg
Herstellung	Books on Demand GmbH, Norderstedt

ISBN 978-3-902647-41-2

Neugierig geworden?

Dann solltet ihr gleich mal anfangen zu lesen. Aber mit mir dürft ihr heute nicht rechnen: Ich habe frei! Den ganzen Tag hungrige Schreihälse auszuliefern, kann einem nämlich ganz schön auf die Flügel gehen. Aber bitte, wenn ihr es nicht anders wollt: Produziert auch so einen Zeit-Dieb! Einige Institutionen wollen euch dafür viel Geld abknöpfen. Dafür dürft ihr euch aber auch Hormone einschießen und Spermien in Plastikbechern abfangen. Wie langweilig! Und schmerzhaft. Dass es vielleicht auch anders geht, könnt ihr am eigenen Leibe erfahren.

Das Rezept ist einfach und seit Jahrmillionen erprobt. Es heißt: Sex, Sex, und nochmals Sex!

Aber leider machen einige Dinge meine Kollegen und mich heutzutage fast arbeitslos. Wie nennt ihr Menschen das? Ach ja, richtig: Stress. Was plagt ihr euch denn eigentlich so? Wieso habt ihr denn so viel Stress? Also, wenn ich Stress habe, dann gehe ich eine Runde fliegen und schaue gemeinsam mit Frau Dr. Klasto dem schönen Sonnenuntergang beim Untergehen zu – wie ist das schön! Tu doch was gegen den Stress! Flott die Flügel zu bewegen, soll helfen. Oder lustigerweise – genau das Gegenteil davon – also Meditation. Vielleicht fängst du auch ein neues Hobby an. Egal, wie du es machst, finde es für dich heraus. So wie ich bemerkt habe, dass mir das Fliegen hilft, mich auf meine wirklich wichtige Arbeit zu konzentrieren und meine schreiende Fracht fristgerecht abzuliefern. Und das auch noch bei der richtigen Adresse. Das soll mir erst mal einer nachmachen!

Was du essen sollst, fragst du? Ach, einfach das, was dir schmeckt, ich gehe darauf aber später noch genauer ein. Doch ich muss dir ehrlich sagen: Wenn Frau Dr. Klasto zu viel gekocht hat und ich wieder mal alles aufessen musste – sonst gibt es ja schlechtes Wetter, und wie soll ich da gescheit fliegen mit meiner zappelnden Fracht –, dann habe ich keine Lust mehr auf Storchensex mit Frau Dr. Klasto. Und ohne Sex komme ich auch nicht bei euch vorbei. So einfach ist das.

Ich, Dr. Klasto, rate euch – und meine Frau ist hier mit mir ausnahmsweise mal einer Meinung: Lerne erst mal DICH selber kennen. Und finde heraus, was DIR am besten tut, was für DICH das Richtige ist. Das bezieht sich auf alle Lebens- und Liebeslagen, hihihi. Ich persönlich stehe ja drauf, wenn Frau Dr. Klasto mich unterm Flügel … Ach nee, das gehört hier nicht rein.

Viel Spaß beim Lesen und Zeugen wünschen euch

Herr Dr. Klasto, Klapperstorch   Frau Dr. Klasto, Klapperstorch

*Ah! Frau Dr. Klasto kommt ins Schlafzimmer
getippelt. Na, dann kann's ja losgehen :-)*

Crashkurs Sex für Anfänger

Im Prinzip ist es so: Storch und Störchin vögeln und schwupps, neun Monate später ist Babystorch da. Oder etwa nicht? Ganz so einfach ist es natürlich nicht. Hier folgt deshalb das Basiswissen, aber es werden nicht alle Hormone genannt, die mitmischen, sondern nur die wichtigsten. Und nicht persönlich nehmen, ich reduziere Männlein und Weiblein mal auf die Geschlechtsorgane ...

Der Storch

In den Hoden werden die Schwimmer (Spermien) produziert, die sind nämlich nicht einfach da und warten auf den „Landgang", sondern es dauert etwa drei Wochen, bis sie ausgewachsen und bereit sind. Natürlich werden ständig welche nachproduziert. Da die Spermien sehr wärmeempfindlich sind, befinden sich die Hoden außerhalb des Körpers. Durch häufiges Saunieren, Radfahren in engen Hosen und ähnliche Aktivitäten werden natürlich nicht alle Schwimmer getötet, aber die Qualität und Quantität nimmt deutlich ab. Auch zu viel oder zu wenig körperliche oder psychische Bewegung ist schlecht für die kleinen Schwimmer. Wie immer gilt es, ein gesundes Mittelmaß zu finden.

Gelangen die Schwimmer aus dem Hoden durch den Samenleiter in die Gebärmutter und in die Eileiter, können sie dort bis zu fünf Tage überleben, da der Zervixschleim die Schwimmer unterstützt. In welchen Eileiter sie „abbiegen" müssen, das verrät ihnen die Eileiteröffnung. Um es einfach zu formulieren: Die Schwimmer werden durch „Duftstoffe" angelockt und folgen einfach ihrer „Nase". Sie müssen dann noch den 10 bis 15 Zentimeter langen Eileiter „hinauf"schwimmen, wo sie irgendwo auf das Ei treffen.

Treffen Ei und Spermien aufeinander, beginnt der Wettbewerb der Schwimmer untereinander. Derjenige, der am schnellsten beim Ei ist und am geschicktesten durch die Eiaußenwand dringt, gewinnt und verschmilzt mit dem Ei.

Hier ist der männliche Part auch schon zu Ende.

Die Störchin

Anders als beim Storch ist die Anzahl der Eier, die befruchtet werden können, begrenzt und bereits vor der Geburt der Störchin festgelegt. Ab dem Zeitpunkt der ersten Menstruation kann durch Sex eine Befruchtung des Eis stattfinden. Tag 1 des Zyklus ist der, an dem die monatliche Regelblutung, die etwa fünf Tage lang anhält, beginnt. Nun bereitet sich ein Ei (Follikel) auf den Eisprung vor und fängt an zu wachsen. Gleichzeitig baut sich ab diesem Zeitpunkt auch die Gebärmutterschleimhaut auf.

Ausgelöst wird das alles von Hormonen, wie LH (luteinisierendes Hormon), Progesteron, Estradiol (Östrogen), FSH (follikelstimulierendes Hormon). Hier möchte ich nicht allzu sehr ins Detail gehen, denn das verwirrt nur. Die Hormone übernehmen an unterschiedlichen Zeitpunkten des Zyklus die Führung, und lösen so zum Beispiel das Wachstum des Eis (Aufgabe des FSH) oder den Eisprung (Aufgabe des LH) aus. Natürlich sind sie nicht nur für das Ei, sondern auch noch für viele andere Abläufe verantwortlich, das Estradiol zum Beispiel für den Aufbau der Gebärmutterschleimhaut.

Bei einem Zyklus von 28 Tagen findet der Eisprung um den 14. Zyklustag statt. Der Follikel springt praktisch im Eierstock aus seiner Haut, dem Progesteron produzierenden Gelbkörper, und hinein in den Eileiter. Dort von winzigen Härchen getragen, bewegt sich das Ei in Richtung Gebärmutter und ist 24 Stunden lang bereit, befruchtet zu werden. Das ist ein verdammt kurzes Zeitfenster. Da die Schwimmer aber einige Zeit in der Gebärmutter und in den Eileitern überleben können, kann Sex auch vier Tage vor dem Eisprung zu einem „Treffer" führen.

Wird das Ei befruchtet, verschmilzt also der Schwimmer mit dem Ei, ist nun die Zeit der Magie kommen. Denn aus den Informationen des Schwimmers und des Eis entstehen gemeinsame Zellen, die sich vermehren. Etwa fünf bis sieben Tage müssen vergehen, bis die befruchtete Eizelle in der Gebärmutter kommt. Zu diesem Zeitpunkt ist sie so prall gefüllt, dass sie förmlich explodiert und nun eine Einnistung im Bett der hochaufgebauten Gebärmutterschleimhaut ganz leicht fällt. Hier bildet sich dann wiederum eine Woche später die Fruchthöhle mit dem Dottersack.

Auch die Plazenta beginnt zu wachsen und fängt an, Gelbkörperhormon zu bilden (‚Progesteron' oder auch ‚schwangerschaftserhaltendes Hormon' genannt).

Hat die Störchin einen Progesteronmangel, kann sich das befruchtete Ei nicht richtig einnisten, weil das Hormon die Gebärmutterschleimhaut nicht richtig auf die Einnistung vorbereiten konnte.

Findet keine Befruchtung statt, kommt es etwa am 28. Zyklustag zur Monatsblutung, die Gebärmutterschleimhaut wird abgestoßen.

> *„Wenn das Nest diesmal leer bleibt, denk dran:*
> *Es gibt immer einen nächsten Zyklus!"*

Pille, Palle

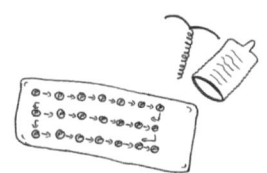

Die Pille abzusetzen oder andere Verhütungsmittel wegzulassen, ist der erste Schritt in Richtung Schwangerschaft. Für sehr viele Storchenpaare beginnt hier aber erst der „Kampf". Nach Einnahme der Pille kommt es sehr häufig vor, dass der Storchenkörper nicht so will, wie ihr es wollt. In diesem Fall kommt es nicht zur Monatsblutung, oder nur unregelmäßig, oder diese dauert zu kurz oder zu lang. Da gibt es sehr viele Varianten.

Es ist wichtig, dass die Menstruation erst einmal regelmäßig kommt, denn dann lässt sich der Eisprung besser bestimmen. Es ist nun einmal so, dass während der Pillenzeit die Federn nicht mehr selber „arbeiten" mussten, sondern die Hormone alle „frei Haus" geliefert bekamen. Nun müssen sie sich umgewöhnen.

Ich glaube, was ihr jetzt braucht, ist Geduld. Es kann schon ein wenig dauern, bis sich ein regelmäßiger Zyklus einstellt. Wenn es so gar nicht klappen will, gibt es auch natürliche Hilfsmittelchen, es müssen ja nicht gleich Hormonbomben sein.

Fragt euren Frauenarzt, der wird euch hoffentlich Mönchspfeffer empfehlen. Das reguliert die Hormone und bringt alles wieder in die natürliche Balance. Aber übereilt das nicht.

„Gebt euren Federn eine Chance,
sich selber zu heilen."

Sex nach Lust oder Sex nach Plan?

Ganz klarer Sieger ist hier Sex nach Lust, denn was gibt es denn Schöneres, als sich dem anderen hinzugeben? Das weiß man ja aus Erfahrung: Wenn man etwas muss, hat man dazu bestimmt keine Lust, egal, was es ist.

Außerdem ist es ja eh so, dass die größte Lust dann kommt, wenn der Eisprung naht, von daher: Vertraut eurem Gefühl, dann wird das schon.

Und vergesst nicht, dass die Spermien einige Zeit brauchen, bis sie das Ei erreichen! Also rechtzeitig mit dem Einfüllen der Spermien beginnen, gerne auch an mehreren eisprungnahen Tagen hinter-einander.

> „Sex soll in jedem Fall Spaß machen, und nicht
> termingerecht absolviert werden müssen."

Storchosutra

Es ist egal, wo euch die Lust überkommt – zu Hause, auf einem Rast-platz (der Weg zum Urlaubsziel kann ja so lange dauern), unter der Dusche, beim Staubsaugen –, "Ran an den Storch!" ist dann das Mot-to. Falls euer Liebesleben etwas, wie soll ich sagen, langweilig oder monoton geworden ist, sprecht darüber und probiert einfach ein paar heiße, neue Sachen aus. Es gibt da zum Beispiel eine bekannte Kühlschrankszene aus einem noch bekannteren Film … Spielt sie nach! Besonders viel braucht ihr dafür nicht, nur ein paar Eiswürfel und Früchte, das war es schon.

So ein Ausflug in die Welt der Erotik dürfte jedes noch so "einge-fahrene" Liebesleben wieder auf den richtigen Weg bringen. Für ganz Mutige gibt es auch immer noch das „Draußen". Manchmal ist es nämlich auch einfach die „Angst" ertappt zu werden, die die Lust steigen lässt. Fragt ihr jetzt wirklich: Wo draußen? Na muss man euch wirklich alles erklären? Benutzt eure Phantasie. Wenn ihr noch nie außerhalb eurer vier Wände Sex hattet, ist ein Ort, wo ihr nicht unbedingt sofort gesehen werdet, vielleicht als Einstieg das Richti-ge. Habt ihr einen Wald in der Nähe? Oder nachts im Park?

Es gibt so vieles, was ihr ausprobieren könnt, die Stellung ist dabei egal. Macht, worauf ihr Lust habt, denn das ist das Wichtigste.

Entgegen einer weitverbreiteten Meinung spielt die Erdanziehung beim Sex und der möglichen Befruchtung keine große Rolle. Aber danach ein wenig auf dem Rücken liegenzubleiben, schadet trotzdem nicht. So werden die Schwimmer in Startposition in der Gebärmutter gesammelt und können leichter auf ihre Reise in Richtung Ei gehen.

Den Irrglauben von euch Menschen, dass seltener Sex besser für die Schwimmer sei, könnt ihr allerdings vergessen. Hier heißt es wirklich: Je öfter, desto besser (naja, zehnmal am Tag wäre ein wenig übertrieben). Auch das Wann ist völlig unwichtig, egal ob morgens, abends oder zwischendurch. Es spielt einfach keine Rolle. Also, worauf wartet ihr?

> *„Wenn der Storch mal nicht kann, ist das auch nicht so schlimm, gönne ihm eine Pause. Und wenn ihr mal keine Lust habt? Dann, ja was ist dann? Davon geht die Welt auch nicht unter. Auch nicht, wenn es genau an den fruchtbaren Tagen ist. Es gibt immer noch einen nächsten Zyklus."*

Tipps für den Storch

Hast du eine romantische Störchin an deiner Seite? Dann überrasche sie doch mit Kerzenschein, einer Kuscheldecke auf dem Boden, leckeren Erdbeeren, einem knisternden Kamin, wenn du einen hast, oder einem schönen Schaumbad zu zweit. Du wirst sehen, damit hast du immer gute Karten, und leidenschaftlichem Sex steht jetzt bestimmt nichts mehr im Weg.

Mag deine Storchenfrau gern verwöhnt werden? Wie wäre es dann mit einer Massage, auch das kann sehr anregend sein.

> *„Vorausgesetzt, du kannst massieren. Wenn nicht, dann lass es lieber bleiben, denn eine schmerzhafte Massage bewirkt eher das Gegenteil als pure Lust."*

Zeit ist relativ

Wann ist der beste Zeitpunkt für den animalischen Storchensex? Der ist natürlich immer dann, wenn ihr Lust habt. Aber: Es gibt ein paar Tage im Storchozyklus, an denen es mit der Empfängnis eher klappt. Dies ist aber von Störchin zu Störchin unterschiedlich.

Es kommt sehr darauf an, wie lang der Zyklus der Störchin ist. Man sagt, der **Eisprung** liegt circa 14 Tage vor der Blutung. Das ist natürlich etwas blöd, weil man diesen Zeitpunkt erst dann kennt, wenn die Blutung bereits eingesetzt hat, vor allem bei unterschiedlich langen Storchozyklen. Wenn du also einen solchen hast, dann hilft wirklich nur Sex, Sex und nochmals Sex. Hast du allerdings gleichmäßige Storchozyklen, dann kannst du diesen Zeitpunkt ziemlich gut abschätzen.

> *„Zudem gibt es gewisse Methoden, diesen Zeitpunkt auch im laufenden Zyklus zu bestimmen. Hier heißt es wieder: Lerne deine Federn kennen."*

Manche Störchinnen klagen über einen sogenannten **Mittelschmerz** (ein stechender Schmerz oder einfach nur ziehende Schmerzen in der Mitte des Bauches), wenn sie den Eisprung haben. Gut ist, dass der Mittelschmerz kurz vor dem tatsächlichen Eisprung stattfindet. Er stammt nämlich von der gedehnten, fast schon aufgehenden Hülle des Eis.

Wenn du aber deinen **Zervixschleim** (das ist eine Absonderung aus der Scheide, die sich im Laufe des Storchozyklus verändert) beobachtest, wirst du feststellen, dass dieser am Anfang des Zyklus, also nach der Monatsblutung, weißlich und eher klumpig ist. Wenn die fruchtbare Phase anfängt, dann wird er mehr und durchsichtig, wie das Eiweiß eines rohen Eies. Wenn es richtig viel ist, fühlt er sich bei manchen Störchinnen dann wie Wasser an, bei manchen kann man diesen Schleim zwischen die Flügel nehmen und es bilden sich richtige Fäden, wenn man die Flügel auseinanderzieht. Dann ist der fruchtbare Moment gekommen. Und dann heißt es wieder einmal: Ran an den Storch. Selbst wenn es bis zum eigentlichen Eisprung noch ein paar Tage dauert, die Storchenschwimmer überleben im Körper bis zu fünf Tage.

Also beginnen die fruchtbaren Tage bis zu vier Tagen, bevor das Ei springt. Du kannst diese Methode noch mit dem **Messen der morgendlichen Aufwachtemperatur** verbinden. Die Temperatur misst du dazu jeden Morgen an der gleichen Stelle (Schnabel, Vagina oder Storchenpopo). Doch Vorsicht: Warst du nämlich zum Beispiel abends auf einer heiteren Storchenparty oder hast einfach nicht gut geschlafen in deinem Nest, beeinflusst das die Temperatur, deshalb notiere diese Besonderheit. Wenn du das alles in unser Befruchtungskorsoblatt (siehe Seite 73) einträgst, zusammen mit den Tagen, an denen du Storchensex hattest, lernst du deine Federn bald richtig gut kennen und kannst nach ein paar Übungszyklen abschätzen, wann die beste Nachwuchszeit ist.

Die Temperatur kannst du auch mittels eines **Minicomputers** messen, in den du je nach Modell auch die Beschaffenheit des Schleims eingeben kannst. Auswerten kann man das Ganze dann unter anderem auch per PC oder Mobiltelefon. Schließlich gibt es noch die amerikanische Eier-Uhr, die anhand von Schweißmessungen am Handgelenk – die finden in der Nacht alle 30 Minuten statt – schon vier Tage vor dem Eisprung erkennen kann, wann dieser sein wird, und dich das mittels Display wissen lässt. Allerdings ist diese Uhr in Deutschland nicht käuflich zu erwerben. Doch es gibt ja immer Mittel und Wege ...

> *„Aber auch für alle diese Methoden gilt: Wenn ihr keine Lust habt, dann lasst es einfach bleiben. Es gibt immer einen nächsten Zyklus."*

Natürlich gibt es auch noch andere Hilfsmittel, um die besten Sex-Tage herauszufinden.

Zum Beispiel gibt es sogenannte **Ovulationssticks**. Diese messen ein Hormon im Urin und zeigen so den Eisprung an. Allerdings nur bis zu 36 Stunden vor demselben. Diese Ovulationstests sind sehr eigen. Man darf vorher nicht viel trinken und etwa vier Stunden zuvor kein Wasser lassen. Außerdem ist das Auswerten des Tests gar nicht so einfach. In den meisten Fällen gibt es eine Kontrolllinie. Die Testlinie muss nicht nur vorhanden sein, nein, sie muss mindestens so stark ausgeprägt sein wie die Kontrolllinie, wenn nicht sogar stärker. Sehr oft sind die Benutzerinnen verunsichert, ob sie den Test richtig auswerten, und wissen dadurch nicht genau, wann der Eisprung nun eigentlich ist.

Außerdem gibt es noch kleine Computer, die so ähnlich wie die Ovulationssticks funktionieren, nur muss man sie nicht selber auswerten, sondern die Sticks in den kleinen Apparat stecken, der dann ein Ergebnis mitteilt. Dieser Computer misst nicht nur ein Hormon, sondern gleich zwei. Er ist daher zuverlässiger und zeigt die Zeitspanne von drei bis zu sieben Tagen mittelhoher bis hoher Fruchtbarkeit an.

> *„Macht euch keinen Stress, sondern horcht lieber in eure Federn rein und lernt diese gut kennen."*

Miteinander – Gegeneinander

Das tolle Sprichwort „Reden ist Silber, Schweigen ist Gold" trifft ja auf viele Storchenprobleme zu. Aber nicht, wenn es um zwischenstorchliche Beziehungen geht. Egal, was es ist, man muss darüber reden. Nämlich gerade dann, wenn es um die Probleme rund um den Kinderwunsch geht, entstehen sehr schnell Meinungsverschiedenheiten und Missverständnisse. Wenn es allerdings ganz heftige Streitereien sind, dann hilft auch das Reden nichts, denn am Ende wird man lauter und keiner hört dem anderen mehr richtig zu. Was dann, fragt ihr euch? Zum Beispiel alles aufschreiben und das vollgeschriebene Blatt dem Liebsten geben. Ich kann euch nur empfehlen, dies zu tun, denn wenn ihr alles totschweigt, dann staut es sich auf und explodiert irgendwann mit einem Riesenknall. Dabei driftet ihr nur auseinander, anstatt zusammen zu leben und zu lieben. Ein Baby ist kein Pflaster für eine zerrüttete Beziehung. Und wenn ihr vorher alles in euch hineinfresst, dann werdet ihr spätestens, wenn ihr vom kleinen, schreienden Bündel übermüdet seid, aneinandergeraten und euch alles vorwerfen. Das muss ja nicht sein, wenn man es im Vorfeld schon lösen kann.

Wenn ihr schon seit mehreren Monaten oder Jahren im Kinderwunsch steckt, unternehmt doch mal wieder mehr miteinander. Nutzt die babystorchfreie Zeit, geht ins Kino, romantisch essen, macht spontane Sachen, verbringt ein schönes Wochenende in einer anderen Stadt oder in einer romantischen Holzhütte in den Bergen ...

„Erweckt eure Partnerschaft wieder zum Leben."

Stress lass nach

Wenn man Stress einfach nach Bedarf ausschalten könnte, das wäre doch was. Aber so einfach ist das eben nicht. Und wir alle wissen, wie nervig folgender Satz ist: „Entspann dich, vergiss den Stress und du wirst sehen, dann bist du sofort schwanger."

Warum sagen einem die anderen das nur immer? So ein Unsinn … oder doch nicht? Leider ist da auch was Wahres dran, denn Stress kann unseren Hormonhaushalt durcheinanderbringen. Wir wissen, ein durchwühlter und unausgeglichener Hormonhaushalt ist nicht gerade förderlich, um schwanger zu werden.

Und für die männlichen Störche gilt, auch wenn ihr es nicht wahrhaben wollt: Stress reduziert das Verlangen nach Sex, und ohne Sex kein kleiner Storch im Nest. Also gilt auch für euch: „Ommmmmmmm"!

> *„Tu das, was dich entspannt. Und achte darauf, dass es dir dabei gut geht."*

Klapper, klapper im Urlaubsnest

Viele meiner Kollegen, die gerne kleine Störche hätten, bei denen es aber nicht so einfach klappen will, haben berichtet, dass es auf einmal doch ging, als sie einfach mal gemütlich in den Urlaub geflattert sind. Tja, und genau das rate ich euch auch: Packt eure Koffer und ab in die Ferien! Egal, ob ihr einen sogenannten Kinderwunschurlaub macht – ja, so etwas gibt es tatsächlich, denn in den Hotels werden spezielle Anwendungen angeboten, die die Fruchtbarkeit fördern sollen – oder Urlaub auf Balkonien. Es muss ja nicht immer weit weg sein.

Manchmal tun es auch ein Wellness-Hotel oder eine Berghütte, das bleibt ganz eurem Geschmack überlassen. Aber eines ist sicher: Mit Urlaubsfeeling ist man doch gleich viel entspannter und kann die Welt mal Welt sein lassen. Und wer weiß, vielleicht kommt ihr ja zu dritt nach Hause ...

Wenn Geld eine Rolle spielt, dann erklärt eure Wohnung zum Urlaubsziel. Das heißt aber: Keine Hausarbeit! Macht es euch gemütlich bei Kerzenschein, etwas Nettem zu essen oder in der Badewanne.

> *„Wie auch immer ihr es angeht: Lasst mal so richtig die Seele baumeln und genießt einfach euch selbst."*

Scharfmacher

Wer viel auf einmal isst, dem fließt das Blut in den Bauchraum – aber leider nicht an die Stellen, wo es beim Sex benötigt wird. Deshalb kommt auch keine Lust auf. Also kommt es nicht auf die Quantität des Essens, sondern auf die Qualität an. Wenn der Storch genug Vitamine zu sich nimmt, dann sind seine Schwimmer auch besser drauf und schwimmen noch schneller zum Ei.

Einige von euch finden vielleicht, dass Essen, das an Geschlechtsteile erinnert – wie zum Beispiel der Spargel oder die Avocado für den Mann und die Feige für die Frau – etwas Erotisches an sich hat. Das wäre doch dann etwas für das Vorspieldinner. Scharfe Gewürze, wie zum Beispiel Ingwer, schwarzer Pfeffer oder Chili-Schoten (natürlich nur in Maßen), sollen eine aphrodisierende Wirkung haben. Aber natürlich ist das Geschmackssache: Wenn man scharfe Sachen absolut nicht mag, dann sollte man diese auch nicht essen. Anderen Gewürzen, wie Basilikum, Petersilie, Zimt oder Muskatnuss, werden ebenfalls „Scharfmacherqualitäten" nachgesagt. Auch die liebe Pfefferminze hat diesen Effekt, und das Praktische an der Minze ist außerdem ihr Nebeneffekt: frischer Atem. Im Gegensatz zum Knoblauch. Wenn ihr zu diesem Lustgemüse greifen wollt, dann bitte nur zu zweit, sonst endet der romantisch geplante Abend im Desaster. Auch Austern und Kaviar sollen die Lust fördern, wer's mag, der kann hier ordentlich zugreifen.

Egal, was auf dem Tisch, Boden oder sonst irgendwo serviert wird: Die Hauptsache ist, dass ihr euch Zeit nehmt und, wenn ihr Romantikstörche seid, in einem passenden Rahmen speist.

> *„Vielleicht füttert ihr euch auch gegenseitig*
> *und findet das tierisch anregend."*

Tee, der reinhaut

In der Naturheilkunde gibt es einige Pflanzen, die euch helfen können, wieder ins Gleichgewicht zu kommen. Vielleicht klappt es ja dadurch schneller mit dem Wunschkind? Es gibt sogar schon fertig gemixte Tees für den Kinderwunsch. Fragt mal in eurer Apotheke nach, die beraten euch gerne, was es so alles auf dem Markt gibt. Hier habe ich euch mal die gängigsten Pflanzen zusammengestellt.

Aber Achtung: Alle diese Teesorten sollten nicht „einfach so" eingenommen werden. Bitte sprecht deshalb vorher mit einem Apotheker, Heilpraktiker oder mit einer Hebamme.

☕ **Frauenmantel** verbessert die Durchblutung, auch des Beckens und der Gebärmutter, dadurch wird die Gebärmutterschleimhaut besser aufgebaut. Es heißt, bei einer Schwangerschaft helfe er, das Kind zu halten. Die Gelbkörperproduktion wird angeregt.

☕ **Johanniskraut** wirkt stimmungsaufhellend, bei dem ganzen Warten und Hibbeln ist das vielleicht ganz praktisch.

☕ **Storchenschnabel** – ja, wenn der Storch schon im Namen vorkommt, kann es ja nicht schlecht sein. Aber, Scherz beiseite, die Pflanze hat wirklich den Ruf, fruchtbarkeitsfördernd zu sein. Beweisen kann man es aber nicht.

☕ **Scharfgarbe** wirkt zyklusregulierend.

☕ **Holunderblüten** unterstützen die Follikelproduktion.

☕ **Engelwurz** wirkt zyklusregulierend und außerdem durchblutungsfördernd.

☕ **Himbeerblätter** wirken durchblutungsfördernd und krampflösend. Man darf sie in der ersten Zyklushälfte, aber nicht am Anfang der Schwangerschaft nehmen.

👐 **Rotklee** ist gut für die Gebärmutter. Man kann ihn gut mit Pfefferminze mischen.

👐 **Pfefferminze** fördert die Lust.

👐 **Mönchspfeffer** (auch in Tablettenform) lindert PMS-Symptome, wirkt zyklusregulierend, durch ihn bildet sich mehr Gelbkörper. Leider kann es als Nebenwirkung passieren, dass man die Lust verliert. Ob das so praktisch für den Kinderwunsch ist? Aber dafür hilft der Mönchspfeffer super, um den Zyklus regelmäßig werden zu lassen. Also gleich am Anfang des Kinderwunsches einnehmen.

> *„Vergesst nicht, dass der Tee allein noch keine Babys bringt. Dafür ist dann noch Aktion von euch gefragt!"*

Das Futter: Gesund und lecker

Dass eine gesunde, ausgewogene Ernährung wichtig ist, das habe ich ja schon öfter erwähnt. Aber es gibt manche Lebensmittel, die einfach noch einen Tick gesünder oder besser sind als andere. Vor allem dann, wenn man gerne schwanger werden möchte.

Doch fangen wir zuerst mal mit dem an, was euch vermutlich keinen Höhenrausch verpassen wird: „Fast Food". Als Kinderwunsch-Storch verzichtest du jetzt besser auf eingelegte Würmer und frittierte Kröten. Und als Kinderwunsch-Mensch meidest du am besten jene Lokalitäten, in denen das Essen rund ist und in Papier verpackt wird, denn in dieser Nahrung stecken nur wenig Vitamine, und satt macht dieses Zeug auf Dauer auch nicht.

Auch beim Einkaufen solltet ihr darauf achten, verpackte und vorgekochte Nahrung im Regal zu lassen. Dieser Kram ist zwar sehr einfach zuzubereiten, aber bei weitem nicht so gesund wie frische Lebensmittel. Ausnahme: Tiefkühlgemüse. Das ist wohl fast so gesund wie das frische Gemüse, nur schmeckt Letzteres meist trotzdem besser.

> *„Vielleicht magst du dir ja mal ein paar Gedanken machen, welche Tiefkühl- oder Fertiggerichte du durch etwas Frisches ersetzen kannst. Auf der nächsten Seite findest du leckere Kinderwunsch-Kost."*

Kinderwunsch-Kost

Damit ihr gleich mit dem Einkaufen der leckeren Kinderwunsch-Kost beginnen könnt, hier einige Empfehlungen.

❀ **Honig** ist für euch Frauen besonders gut, er soll nämlich die Eierstöcke stimulieren.

❀ **Milchprodukte**, vor allem Vollmilch, sind wichtig für die Knochen und Zähne – alles sehr bedeutsam, wenn es geklappt hat.

❀ **Lachs**, **fettreiche Fische** und **Oliven** enthalten Omega-3-Fettsäuren und sind sehr gut für das Immunsystem.

❀ **Brokkoli** und **Spinat** sind beide grün und enthalten Folsäure. Andere grüne Gemüsesorten sind ihnen darin ähnlich. Störchinnen sollten davon bei Kinderwunsch reichlich zu sich nehmen. Falls das nicht möglich ist, sollte gegebenenfalls Folsäure in Tablettenform eingenommen werden.

❀ **Vitamin A** ist unter anderem für die Bildung der Sexualhormone zuständig. Du findest es vor allem in Eigelb, Butter, Karotten, Aprikosen, Mangos und Pfirsichen.

❀ **Vitamin B6** sorgt für eine Balance der Fortpflanzungshormone. Es ist in magerem Fleisch, Bananen, Milchprodukten, Linsen, Vollkornprodukten und Eiern enthalten.

❀ **Vitamin C** ist wichtig für die Eisenaufnahme, das Immunsystem und die Beweglichkeit der Schwimmer, denn sie kleben dann weniger zusammen. Es ist reichlich in Kiwis, Brokkoli, Spinat, Ananas, Orangen und Kohl vorhanden.

❀ **Vitamin E** ist gut für die Fortpflanzung. Nüsse, Vollkornprodukte und Eier sind voll davon.

Außerdem gibt es ein paar Gewürze, die man sehr einfach in ein leckeres Essen zaubern kann und die dem Kinderwunsch zuträglich sind:

❀ **Basilikum** ist eisprunganregend, man sagt ihm sogar lustfördernde Wirkung nach.

❀ **Rosmarin** fördert ebenfalls den Eisprung, denn es hilft bei der Östrogenbildung.

❀ **Ingwer** ist entzündungshemmend und kreislaufanregend. Durch ihn wird auch die Gebärmutter gestärkt Aber bitte nicht zu viel davon essen.

❀ **Minze** macht einfach „nur" Lust.

❀ **Salbei** unterstützt die Östrogenbildung.

❀ **Koriander** ebenso.

> *„Insgesamt ist eine ausgewogene Ernährung das A und O. Lasst besser die Flügel von Vitamin-Pillen, denn die können eventuell sogar negativ auf den Kinderwunsch wirken. Ein Zuviel an Zusatzstoffen ist nämlich ebenfalls ungesund."*

Zusätzliche Ernährungs-Tipps für den Storch

 **Folsäure** sollte auch der Mann zu sich nehmen. Sie wirkt sich positiv auf die Qualität der Schwimmer aus und man kann sie super über die Nahrung aufnehmen Aber Vorsicht, denn Folsäure mag's nicht so gerne heiß! Brokkoli, Spinat, Tomaten, Petersilie und Orangen sind nur ein paar Beispiele für folsäurehältige Lebensmittel. Aber am besten ist es, eine Kombination aus Folsäure und Zink an den Storch zu bringen, denn das wirkt noch intensiver auf die Schwimmer. Die Spermienanzahl und ihre Qualität werden hierdurch erhöht.

Zink ist in magerem Rindfleisch, Austern, Fisch, Truthahn, Weizenvollkornbrot, Linsen, Weizenkleie und Hartkäse zu finden. Er ist gut für viele, viele Schwimmer.

L-Carnitin soll beim Mann die Beweglichkeit der Schwimmer unterstützen, aber da sind sich die Oberstörche noch nicht so ganz einig. Lammfleisch, Rindfleisch, Austern, Geflügel, Fisch enthalten viel davon, dann folgen Milchprodukte, Obst und Gemüse.

Und, wie gesagt, **Vitamin C**. Es hat einen „Anti-Uhu"-Effekt für die Schwimmer, so kommen sie schneller ans Ziel. Kiwis, Brokkoli, Spinat, Ananas, Orangen und Kohl – her damit!

Vitamin E hilft gegen freie Radikale. – Nein, das ist keine politische Partei. Die freien Radikale schaden ganz einfach deinen Spermien. – Zu finden ist Vitamin E in Innereien, Weizenkeimen, Vollkornprodukten, Olivenöl, Sonnenblumenöl, Sellerie, Sonnenblumenkernen, Erdnüssen und Pinienkernen.

Vitamin B12 sorgt für mehr Schwimmer. Eiweiß aus Fisch, Fleisch und Milchprodukten hat viel davon.

Betörende (Ätherische) Öle

Da die ätherischen Öle sehr stark sind, müssen sie, egal ob bei der Massage oder beim Baden, mit etwas verdünnt werden.

Bei **Duftlampen** also das Öl einfach mit Wasser vermischen. Das Trägeröl der Wahl für die **Massagen** sind Oliven-, Kokos-, Raps- oder Weizenkeimöl, doch es gibt noch viele weitere Öle.

Für die **Bäder** heißt es: Die Wanne erst volllaufen lassen, die Temperatur sollte zwischen 36 und 38 Grad liegen, also nicht zu heiß. Jetzt könnt ihr fünf bis zehn Tropfen des ätherischen Öls hinzufügen, im Anschluss daran einige Teelöffel Honig, einen Esslöffel Milch oder Sahne oder Totes-Meer-Salz dazugeben.

Rosenöl fördert die Lust, und der Rosenduft tut einfach der Storchenseele gut, egal ob Massage (zum Beispiel mit Olivenöl gemischt), Duftlampe oder ein schönes Bad (mit Totem-Meer-Salz oder Honig gemischt).

Jasmin fördert die Lust auf Sex und das nicht zu knapp, daher sparsam dosieren bei der Massage. Jasmin lässt einen auch gern mal Hemmungen vergessen. Ob Lampe, Massage oder Bad: Hauptsache, es wird gevögelt.

Ylang-Ylang – gleich noch eine Blume, die die Lust auf Sex fördert. Auch hier bitte sparsam dosieren. Die Hemmungen sind wie weggeblasen, die Stimmung ist auf Hochkurs.

Mit ein paar Tropfen **Sandelholz** in der Duftlampe macht sich Harmonie breit. Außerdem wirkt es bei Storch und Störchin gleichermaßen an- bzw. ausziehend.

Ingweröl wirkt hauptsächlich auf die Störche, vor allem bei solchen mit „Standproblemen". Bitte sehr sparsam dosieren, da es einen scharfen Geruch hat. Das Öl eignet sich wunderbar zum Mischen mit anderen Düften.

> *„Viel Spaß beim Planschen und Kneten! Doch wie fast überall gilt auch hier: Die Dosis ist entscheidend. Also überschnuppert euch nicht."*

Storchopathie

Ihr habt nun schon einige Zeit in eure Federn hineingehorcht und findet, dass es euch zu langsam geht? Oder ihr habt auf euren Befruchtungskorsoblättern keinen Eisprung feststellen können?

Nun, es gibt zusätzlich zu den bislang vorgestellten Möglichkeiten (Sex, Ernährung und so weiter) außerdem auch noch storchopathische Mittelchen, sogenannte **Globuli**, mit denen ihr euren Federn auf die Sprünge helfen könnt. Ich rate euch aber, zu einem „Spezialisten" zu gehen, einem sogenannten Homöopathen. Der kann anhand eurer Geschichte herausfinden, welches „Mittelchen" für euch das richtige ist. Seid ihr allerdings zu beschäftigt, um einen Spezialisten zu befragen – dann lest noch mal die Einleitung. Stress ist nämlich gar nicht gut, wenn ihr so ein schreiendes Bündel wollt ...

Im globalen, elektronischen Netzwerk gibt es spezielle Foren, in denen Homöopathen auf eure Fragen antworten. Ich habe schon von ein paar Flügel- und Schnabelfreunden gehört, dass das Storchonet und diese speziellen Foren gute Globuli vorschlagen, die auch wirklich helfen. Ein paar meiner Schnabelfreunde sind tatsächlich durch die Hilfe der Storchopathie schwanger geworden. Generell gilt aber: Mit Homöopathie ist nicht zu spaßen, und diese Globuli sollten daher nicht „einfach mal so" eingenommen werden. Auch könnt ihr nie genau wissen, wie bewandert die elektronischen Experten aus der Ferne wirklich sind.

„Vielleicht habt ihr auch einen guten Apotheker, den ihr befragen könnt, wenn schon kein Homöopath in der Nähe ist."

Tipps für die Störchin

Eventuell können dir folgende homöopathische Tipps auf die (Ei-) Sprünge helfen:

❦ Argentum metallicum D6 bringt die Eierstöcke wieder auf Trab.

❦ Cuprum metallicum wirkt sich positiv auf die Lust aus.

❦ Jodum D6 hilft dem Ei auf die Sprünge – doch Vorsicht bei Schilddrüsenproblemen! Dann bitte den Arzt fragen.

❦ Pulsatilla pratensis D6 fördert den Eisprung und unterstützt die Gelbkörperproduktion. Für die erste Zyklushälfte gibt es auch sogenannte Comp. Globuli. Das sind keine Einzelwirkstoffe, sondern bereits vom Hersteller „zusammengebraute", für die Masse hergestellte Globuli.

❦ Auch bei Gelbkörperschwäche gibt es neben dem Einzelwirkstoff ein Comp. Globuli-Präparat.

Tipps für den Storch

Ja, auch ihr Männer könnt etwas dazu beitragen, damit eure Schwimmer schneller, mehr und einfach besser werden. Es gibt für euch homöopathische Mittelchen, die sich positiv auf eure Zeugungsfähigkeit auswirken. Ihr fragt am besten einen Homöopathen. Diese Mittel nimmt der männliche Storch normalerweise als Kur über einen Zeitraum von drei Monaten ein.

> *„Mit Homöopathie solltet ihr sehr verantwortungsbewusst umgehen! Befragt daher vor der Anwendung ausgebildete Spezialisten."*

Die Nadel im Federhaufen

Sich Nadeln in die Federn stecken zu lassen, ist ja schon eine uralte Geschichte in China. Auch wenn sie eigentlich in anderem Zusammenhang bekannt ist, kann diese Praxis bei einigen Störchinnen mit unregelmäßigem Zyklus helfen, diesen wieder in Balance zu bringen. Das heißt, es wird ein regelmäßiger Eisprung erreicht, was wiederum für eine eventuelle Schwangerschaft wichtig ist. Außerdem können die Nadeln durchblutungsfördernd wirken, was sich wieder positiv auf die Gebärmutterschleimhaut auswirkt.

Tipps für den Storch

Wenn ihr die Qualität und Quantität eurer Schwimmer verbessern möchtet, solltet ihr euch auch als Nadelkissen missbrauchen lassen. Denn neueste Studien haben gezeigt, dass die Zahl und auch das Aussehen der gesunden Schwimmer durch diese Behandlung deutlich zunehmen.

> *„Die Behandlung sollte ausschließlich von Akupunkteuren durchgeführt werden, die auch Kinderwunsch-Akupunktur im Programm haben, denn mit den kleinen Nadeln kann man auch viel falsch machen."*

Moorfedern

Ob du deine Federn in Moor tauchen sollst? Wieso nicht! Hüpf rein, aber nicht gleich in den nächsten Tümpel, sondern in ein spezielles, für Kinderwunschpaare ausgewiesenes Moorbad. Im Bergkiefer-Hochmoor beispielsweise sollen Inhaltsstoffe sein, die den Hormonhaushalt regulieren und insbesondere die Östrogenproduktion ankurbeln. Viele Hotels in solchen Gegenden bieten Pauschalen für Kinderwunschler an.

Natürlich wirkt es nicht bei jedem, aber gerade bei Paaren, bei denen medizinisch keine Ursache für die Kinderlosigkeit gefunden werden kann, wäre der nächste Urlaub im Moor vielleicht einen Versuch wert.

> *„Ich erinnere dich bei dieser Gelegenheit gerne wieder daran, dass ein Moorbad alleine noch nicht schwanger gemacht hat."*

Kneten, was das Zeug hält

Eine sehr angenehme Therapiemöglichkeit ist die sogenannte Fruchtbarkeitsmassage. Sie wird für Storch und Störchin gleichermaßen angeboten.

Bei der Fruchtbarkeitsmassage wird die Durchblutung verbessert, und Giftstoffe, die sich in den Federn angesammelt haben, werden abtransportiert. Blockaden und Verspannungen können gelöst werden. Aber auch Zyklusunregelmäßigkeiten, beispielsweise bedingt durch eine Schilddrüsenfehlfunktion, können durch die Massage behandelt werden. Fortpflanzungsorgane werden sanft ausgerichtet, das heißt eine geknickte Gebärmutter, mit der sich das Schwangerwerden schwerer gestaltet, kann aufgerichtet werden.

Beim Storch wirkt sich die Entgiftung durch die Massage auch positiv auf die Hormonbalance aus. Des Weiteren werden auch die Schwimmerproduzenten massiert und dadurch wird eine Reinigung der „Leitungen" vorgenommen, was sich wiederum günstig auf die Qualität und Quantität der Schwimmer auswirkt.

„Schaut doch mal nach, ob ihr eine Hebamme, einen Heilpraktiker oder einen Arzt findet, die/der so etwas anbietet. Aber für den Sex danach müsst ihr schon selber sorgen."

Und eins und zwei und drei und vier

Sport ist immer wichtig: nicht zu viel und nicht zu wenig, wie bei allem im Storchenleben. Sport ist gleich Bewegung, und das ist wiederum gut für die Durchblutung, also fruchtbarkeitsanregend.

Wenn ihr allerdings richtige Sportmuffel seid, dann rate ich euch, geht's langsam an, beginnt nicht gleich das anstrengendste Workout, nur um fruchtbarer zu werden. Das wird nach hinten losgehen und ihr habt bald keine Lust mehr vor lauter Muskelkater. Denn auch hier gilt: Sport muss Spaß machen, nicht nur seinen Zweck erfüllen. Außerdem ist Sport ein gutes Ventil, um Stress abzubauen.

Ich habe auf einem meiner Lieferflüge von einem Baby gehört, dass Yoga geholfen hat. Natürlich nicht vom Baby, sondern von der Mutter, denn anscheinend gibt es eine bestimmte Art von Yoga, die die Fruchtbarkeit fördern soll. Es heißt Mondyoga, Lunayoga oder auch Fruchtbarkeitsyoga. Vielleicht wäre das ja eine Idee? Hierzu gibt es Bücher und Kurse.

Tipps für den Storch

Männer, bloß nicht übertreiben mit dem Sport. Leistungssport kann zu weniger Schwimmern führen. Viermal die Woche ist wirklich genug. Nein, im Gegenteil: Das hilft sogar, denn durch den Sport baut ihr Stress und Anspannungen ab und lebt einfach gesünder.

Federgewicht

Storchenmütter gibt es in allen Formen und Größen. Dennoch, viele, die gern ein Störchlein möchten, haben ein paar Pfunde zu viel auf den Rippen gehabt. Sie haben dann ein paar Würmer und Frösche weniger am Tag gegessen – dafür mehr Gemüse und Obst –, und siehe da, bei manchen hat es geholfen und sie sind nun schwanger.

Optimalerweise sollte der BMI, der Body Mass Index, zwischen 20 und 25 liegen. Er wird folgendermaßen errechnet:

Gewicht : (Größe x Größe)

Bei einem BMI von 30 und darüber ist die Chance, schwanger zu werden, offenbar deutlich geringer. Natürlich gilt der errechnete BMI nur als Anhaltspunkt. Auch ein BMI unter 20 ist nicht von Vorteil, da das geringe Federgewicht dem Körper signalisiert, dass er eine Schwangerschaft nicht unbedingt durchstehen würde.

Ihr sollt weder hungern noch euch mit Kalorien zubomben, sondern euren Körper im wohlgefühlten Mittelmaß halten und damit die Chance auf eine Schwangerschaft verbessern. Ernährt euch also gesund, und wenn euer BMI zu hoch ist, versucht ihn ein wenig zu drosseln. Meist reichen schon ein paar Kilo. Und wenn ihr zu dünn seid, reichen oft auch schon ein paar Kilo, um euren Federn zu signalisieren, dass ihr bereit seid für eine Schwangerschaft.

Tipps für den Storch

Ja, auch euch Störchen tut es nicht besonders gut, wenn ihr einen zu niedrigen oder zu hohen BMI habt. Ein zu hoher BMI kann die Zahl eurer Schwimmer deutlich reduzieren. Ein zu niedriger kann sogar zu Infertilität führen.

Qualm und andere Laster

Nikotin kann die Eizelle schädigen, sodass eine Befruchtung erst gar nicht eintritt. Außerdem beeinflusst Nikotin die Gebärmutterschleimhaut negativ, weshalb sich ein befruchtetes Ei kaum einnisten wird. Eure Durchblutung ist nämlich beeinträchtigt. Eine gute Durchblutung ist aber für alles wichtig, was mit dem Kinderwunsch und einer Schwangerschaft zu tun hat. Außerdem: Wer schnäbelt schon gerne mit einem Aschenbecher?

Alkohol gehört ebenfalls in die Kategorie der Laster. Wenn ihr ab und an mal in guter Storchengesellschaft einen Cocktail trinkt, dann könnt ihr natürlich sofort das nächste Kapitel aufschlagen und dort weiterlesen. Trinkt ihr allerdings jeden Tag und könnt nicht ohne den Alkohol auskommen, dann lest bitte weiter, denn die Kinderwunschzeit wäre eine prima Gelegenheit, um aufzuhören. Wenn Störchinnen erst in der Schwangerschaft keinen Alkohol mehr trinken, setzen sie ihren Körper auf Entzug, und das ist keine gute Idee, wenn neues Leben in einem wächst.

Zu viel **Kaffee** und **Schwarztee** sind auch nicht besonders gut, denn das Koffein und Tein hindern den Körper daran, Eisen zu absorbieren. Wenn also die Kaffeemaschine euer bester Freund ist, dann wäre jetzt die passende Gelegenheit, diese „Sucht" durch etwas Gesünderes zu ersetzen. Zum Beispiel gibt es entkoffeinierten Kaffee oder leckere Früchte- und Kräutertees. Wenn es aber doch der „richtige" Kaffee sein muss … Eine Tasse am Morgen und eine mittags oder nachmittags sollte doch reichen, oder? Gieße einfach etwas mehr Milch hinein, dann tust du deinen Federn sogar noch etwas Gutes, denn Milch enthält Calcium. Und das kannst du gut gebrauchen, wenn du schwanger bist.

Tipps für den Storch

In vielen Fällen wirkt sich das Rauchen negativ auf die Beweglichkeit der Schwimmer aus. Also Männer, werft die qualmenden Stängel weg! So erhöht ihr eure Zeugungsfähigkeit schon um einige Prozent und kommt eurem Wunsch ein großes Stück näher.

Der Alkohol ist auch nicht besser, denn regelmäßiger und hoher Alkoholkonsum schafft es sogar, die Schwimmerproduktion zu drosseln.

Beim Kaffee und Schwarztee sieht es bei den Männern allerdings anders aus: Ihr Störche dürft ruhig mal eine Tasse mehr trinken, denn das Koffein macht euren müden Schwimmern Beine. Es wird allerdings nicht die Qualität verbessert. Nur die Beweglichkeit.

> *„Selbst, wenn die Schwimmer schnell sein sollten: Sie müssen erstmal auf das Ei losgelassen werden."*

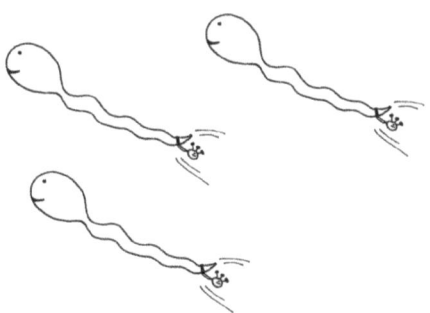

Kloß im Hals?

Wenn es schon seit einiger Zeit nicht klappen will mit dem kleinen süßen Schreihals, dann könnte man doch mal zum Onkel Doktor gehen und einen Rundumcheck machen lassen. Sind die Federn ok? Die Fortpflanzungsorgane alle intakt? Werden Eilein und Schwimmer zu Genüge produziert? Wenn die Antwort auf die Fragen JA lautet, dann hätte man die Untersuchungsdauerreise vielleicht abkürzen können ...

Sehr oft liegt das Ausbleiben des gewünschten Kugelbauches an einem nicht ganz sooo kleinen und bei weitem nicht unwichtigen Organ namens Schilddrüse. Egal ob Über-, Unter- oder sonstige Fehlfunktion: nichts davon ist gut, wenn man schwanger werden will.

Die Schilddrüse ist sehr wichtig für unsere Federn bzw. die Hormone in den Federn. Wenn diese nicht in Balance sind, funktionieren unsere Federn nicht so wie sie sollen, und wir werden nicht schwanger. Ihr merkt schon, die Balance ist wie immer sehr, sehr wichtig. Wie man Probleme mit der Schilddrüse merken soll, fragt ihr? Tja, da gibt es mehrere Szenarien. Die gängigsten, aber bei weitem nicht die einzigen, schreibe ich euch hier mal zusammen.

> *„Nicht den Schnabel in den Sand stecken! Für*
> *fast jedes Problem gibt es eine Lösung."*

1) Ihr esst normal und nehmt zu schnell zu.

2) Ihr werdet von allen beneidet, weil ihr essen könnt was ihr wollt, und nehmt nicht zu, sondern eher noch ab.

3) Euer Zyklus hat Überlänge.

4) Ihr blutet zu stark.

5) Ihr blutet gar nicht.

6) Ihr seid weiblich, aber es sieht fast so aus, als hätte euer Hals einen Adamsapfel.

7) Ihr könnt nicht schlafen, habt Unruhezustände.

8) Euer Blutdruck stimmt nicht.

9) Ihr leidet häufig an Migräne.

Und und und ...

Dies alles und noch viel mehr KÖNNEN Anzeichen auf eine Fehlfunktion der Schilddrüse sein. MÜSSEN aber nicht. Am besten und einfachsten kann der Doc das durch eine Blutabnahme und einen eventuellen Ultraschall der Schilddrüse feststellen.

Tipps für den Storch

Ja auch bei euch kann eine Fehlfunktion der Schilddrüse zum Problem für eure Schwimmer werden, denn auch bei Euch ist Balance das A und O. Eure Symptome sind fast die gleichen (lasst einfach alles mit Blut und Zyklus weg, dann habt ihr eure Liste).

Was schluckst du?

Für die Storchenweibchen unter euch, die täglich Medikamente nehmen müssen, ist ein Überblick ganz gut. Mach dir hier eine Auflistung, in die du alle Medikamente schreibst, und frag deinen Gynäkologen bzw. deine Hebamme, was du bei Kinderwunsch weiter nehmen musst / darfst / nicht darfst.

_____

_____

_____

_____

_____

Die gleiche Abfrage startest du gleich noch einmal für das Thema Schwangerschaft, damit du da schon mal Bescheid weißt.

_____

_____

_____

_____

_____

_____

Flutsch oder nicht flutsch, das ist hier die Frage!

Wenn ihr, aus welchen Gründen auch immer, gerne mal beim Sex zu Gleitmitteln greift, dann ist jetzt ein guter Zeitpunkt, mal auf die Packung zu schauen, ob das Mittel das Richtige für euch ist. Viele Gleitmittel bringen die Schwimmer auf gut deutsch um die Ecke. Manche verlangsamen sie auch nur. Egal wie, dies ist hinderlich für Storchenpaare mit Kinderwunsch.

Daher: Flügel weg von den kleinen Tübchen. Denn die meisten befördern die Schwimmer einfach ins Nichtschwimmerbecken.

Es gibt wohl auch Gleitmittel, die „pro Schwimmer" sind. Wenn ihr diese gefunden habt, dann wünsche ich euch viel Spaß damit.

> „Die Störchin erzeugt das beste Flutsch selbstständig, und zwar vorzugsweise an den fruchtbaren Tagen vor dem Eisprung."

Das Orakel-Spektakel

Viele von euch orakeln ja mit den Ovulationssticks. Noch mal zur Erinnerung: Die Stäbchen messen das luteinisierende Hormon (LH) im Urin, das sich beim Eisprung erhöht.

Da sich jedoch LH und HCG – das Hormon, welches bei einer Schwangerschaft produziert wird – chemisch ähneln, pieseln einige Störchinnen vor bzw. um den Menstermin herum auf die LH-Stäbchen, um zu erfahren, ob sie schwanger sind oder nicht.

Lasst die Finger davon, ihr gebt nur unnötig euer Geld aus, denn selbst wenn der LH-Test positiv ist, heißt das noch lange nicht, dass es auch geklappt hat. Das LH steigt nämlich kurz vor der Menstruation noch einmal ein wenig an. Ihr werdet euch also immer fragen, ob das nun das Rest-LH oder schon das vielversprechende HCG ist. Eine wirkliche Antwort werdet ihr in den LH-Tests nicht finden. Nur noch mehr Fragen.

> *„Kauft euch lieber gleich einen Schwangerschaftstest, der zeigt ab dem Tag der ausbleibenden Mens zu 99 Prozent sicher an, ob ihr schwanger seid oder nicht."*

Schwangerschaftstests

Hier gibt es eine Variante für zu Hause und eine beim Arzt. Der Schwangerschaftstest beim Arzt ist dann viel aussagekräftiger als der Heimtest, wenn es ein aus dem Blut bestimmter Beta-HCG-Test ist. Leider muss man dafür aber etwas Geduld haben. Der Arzt nimmt Blut aus dem Flügel ab und schickt es ins Labor. Dort wird das HCG (Humanes Choriongonadotropin – ein Hormon, das während der Schwangerschaft produziert wird und sich in der ersten Zeit jeden zweiten Tag verdoppelt) ausgewertet. Ist HCG vorhanden, besteht eine Schwangerschaft. Man kann sogar an der Höhe des HCG in etwa erkennen, wie weit die Schwangerschaft vorangeschritten ist. Ist das HCG sehr niedrig, dann kann weiter kontrolliert werden, ob sich das HCG so verdoppelt, wie es soll. Andernfalls ist die Schwangerschaft eventuell nicht intakt. All das kann man anhand mehrerer Bluttests erkennen.

> *„Bei einem HCG-Bluttest gibt es kein Rätselraten. Und was ist besser für die Störchinnenseele als Gewissheit?"*

Für zu Hause gibt es die Pipi-Tests. Je nach Hersteller schlagen sie schon einige Tage vor der erwarteten Mens an oder eben erst ab diesem Tag. Diese Tests messen ebenfalls das HCG, aber eben im Urin. Je nachdem, wie viel man getrunken hat oder wann man das letzte Mal auf dem Klo war, ist der Urin konzentrierter oder „wässriger". Das gilt entsprechend auch für die Hormone im Urin.

Wenn man den Test mit Morgenurin anwendet, ist die Konzentration recht hoch, und somit ist das Risiko eines falsch negativen Ergebnisses geringer. Die Tests, die erst ab dem Menstermin anwendbar sind, messen das HCG erst ab einer höheren Konzentration. Vielleicht steht auf der Packung gleich direkt drauf, ab wie vielen Einheiten HCG der Test anzeigt. Es gibt Tests ab 10 (Frühtests, vor Menstermin), 25 (Frühtests, ab Menstermin) und 50 (eher selten) Einheiten. Inzwischen gibt es auch digitale Schwangerschaftstests, die das HCG genauso im Urin messen wie die analogen Tests auch. Nur steht dann das Wort „schwanger" auf einem Display oder eben „nicht schwanger". Hier fällt das Deuten einer eventuell vorhandenen zweiten Linie weg.

Das Phänomen „Verdunstungslinie"

Viele Schwangerschaftstests bilden eine sogenannte Verdunstungslinie dort, wo der zweite Strich im Falle einer Schwangerschaft ist. Diese bildet sich (wenn überhaupt) erst nach Ablauf der vorgegebenen Zeit zum Auswerten des Tests. Bei einem negativen Ergebnis kann man den Test wegschmeißen. Und nicht mehr aus dem Papierkorb fischen! Die Verdunstungslinie heißt gar nichts.

> *„Wartet bis zu eurem Menstag und macht dann einen Test mit Morgenurin, damit es kein Rumgerate wegen des Ergebnisses gibt. Sollte dieser negativ sein und eure Mens kommt trotzdem nicht, dann macht in ein paar Tagen noch mal einen Test. Denkt dran, eure Federn sind kein Roboter. Eine Einnistung findet nicht immer punktgenau am sechsten Tag nach dem Eisprung statt, manchmal ‚verirrt' sich die Eizelle auch oder die Befruchtung hat in letzter Sekunde stattgefunden und die Einnistung ‚verspätet' sich dadurch."*

Positiv, was nun?

Ist der Test erst einmal positiv, ist das Ziel schon mal ein Stückchen näher gerückt. Aber was macht man dann? Macht schon mal einen Termin bei eurer Hebamme oder eurem Gynäkologen aus. Aber richtet euch darauf ein, dass man jetzt wahrscheinlich noch nichts im Ultraschall sehen wird. Also seid nicht allzu enttäuscht, wenn gar kein Bild gemacht wird. Nach Ausbleiben der Mens erkennt man wahrscheinlich nur eine gut aufgebaute Gebärmutterschleimhaut. Eine Woche später aber ist dann eine Fruchthöhle und noch eine Woche weiter die Fruchthöhle mit dem Dottersack zu finden – und eventuell ein kleines, pochendes Herz.

Was ihr tun könnt, ist auf jeden Fall mit dem **Rauchen** aufzuhören und auf **Alkohol** zu verzichten. Ob ihr **Vitamine** und **Folsäure** einnehmen solltet, das besprecht ihr am besten mit eurem Arzt oder der Hebamme eures Vertrauens. Die helfen euch bestimmt gerne weiter.

> *„Viel frische Luft und Bewegung: Damit fliegt ihr nicht nur in der Schwangerschaft goldrichtig."*

Vielleicht fühlt ihr euch auch komplett unschwanger? Das ist ganz normal. Meist kommen die Schwangerschaftsbeschwerden erst ein paar Tage oder Wochen später.

Brustspannen, Müdigkeit, Ziehen in der Leiste, Übelkeit, Sodbrennen, Heißhunger oder auch Appetitlosigkeit sind ganz normal. Auch Verstopfung oder Durchfall können dazugehören. Habt ihr nichts davon, dann gehört ihr zu den Glücklichen. Freut euch darüber und genießt die Schwangerschaft, das ist wirklich das Wichtigste.

Und nicht vergessen: positiv denken! Denkt nicht drüber nach, was alles passieren könnte. Wieso sollte denn etwas passieren? Lasst euch im Internet nicht irre machen mit Aussagen, wie „in den ersten 12 Wochen kann noch so viel geschehen". Klar kann es, aber wieso sollte es und was könntet ihr dann daran ändern?

> *„Wieso wollt ihr euch die Freude auf euer Baby nehmen lassen? Oder noch schlimmer, wieso sollte die Vorfreude umgewandelt werden in quälende Gedanken und schlimme Befürchtungen? Ihr seid jetzt schwanger, und in die Zukunft kann man nicht blicken."*

Schwangerschaftstest durchgeführt am	positiv	negativ

Schwangerschaftstest durchgeführt am	positiv	negativ

Doch nicht mehr schwanger ...

Leider enden viel mehr Schwangerschaften, als man denkt, viel zu früh. Viele Störchinnen merken das nicht mal, weil sie denken, dass die einsetzende Blutung die ganz normale, vielleicht etwas verspätete Regelblutung ist. Hatten Storch und Störchin aber schon einen positiven Schwangerschaftstest in der Hand und bereits Gelegenheit, sich auf den Nachwuchs zu freuen, ist die Trauer natürlich umso größer. Gründe für dieses Geschehen gibt es viele: Es gibt zum Beispiel bestimmte Unterfunktionen der Federn. Manche Hormone werden dann nicht ausreichend produziert und die Schwangerschaft wird nicht erhalten. Ein Beispiel dafür ist das Gelbkörperhormon. In einer Schwangerschaft steigt es an. Wird davon aber nicht genügend produziert, kann die Schwangerschaft nicht bestehen bleiben. Wenn man das weiß, gibt es keinen Grund zur Panik, es gibt verschiedene Mittel, mit denen geholfen werden kann. Auch die Schilddrüsenhormone spielen in der Schwangerschaft eine große Rolle, gibt es also hier Probleme, sollten diese erst behoben werden. Aber das ist nicht die Regel.

Sollte dir etwas so Schreckliches passieren, gib dir die Zeit zum Trauern. Du musst nichts forcieren. Auch darfst du dir Zeit geben, bis du es wieder probieren möchtest. Lass dich hier von niemandem drängen. Ich hoffe, du kannst mit deinem Schatz darüber reden.

> *„Storch, wenn du das liest: Deine Störchin braucht jetzt ganz viel Zuwendung, jemanden, der zuhört, sie in den Arm nimmt und tröstet."*

Hier findest du Platz, um deinen Gedanken freien Lauf zu lassen:

_____

_____

_____

_____

_____

_____

_____

_____

_____

_____

_____

_____

_____

_____

_____

_____

_____

_____

_____

_____

_____

_____

Und was ist mit ihm?

Wenn deine Störchin so etwas Schlimmes erlebt hat, dann sei die starke Schulter. Hör ihr zu. Nimm sie in den Arm. Tröste sie. Sprich mit ihr aber auch über deine eigenen Gefühle. Ja, auch du hast Gefühle und bist wahrscheinlich traurig. Manchmal ist es ratsam, das auch rauszulassen. Sei stark, gib ihr aber nicht das Gefühl, dass du nichts empfindest. Es ist für euch beide schlimm.

Vielleicht hilft es auch dir, deine Gefühle aufzuschreiben, vielleicht kannst du das ja besser, als darüber zu reden.

Frag Dr. Klasto!

Frage: Wie lange dauert es denn, wenn ich die Pille abgesetzt habe, bis die Periode regelmäßig kommt?

Dr. Klasto: Wenn ich das wüsste, dann wäre ich auf Storchen-Island und würde mir die Sonne auf meine Federn scheinen lassen. Aber Spaß beiseite, das ist von Störchin zu Störchin unterschiedlich, manche kriegen sie nach vier Wochen schon regelmäßig, andere hingegen kämpfen ein halbes Jahr, bis die Periode wieder pünktlich kommt.

Frage: Wann werde ich nach Absetzen der Pille schwanger?

Dr. Klasto: Auch hier kann ich nicht hellsehen, denn manche Störchinnen werden sofort schwanger und bei anderen dauert es länger. Der Körper ist keine Maschine und muss sich erst mal an die „Eigenproduktion" der ganzen Hormone gewöhnen.

Frage: Hilft es, wenn ich nach dem Sex einen Kopfstand mache? Rutschen die Spermien sonst nicht wieder raus?

Dr. Klasto: Wenn's dir Spaß macht, bitte, nur zu, aber wirklich helfen tut's nicht. Ein wenig Liegenbleiben reicht völlig aus, damit sich die Schwimmer in der Gebärmutter versammeln können und dann gemeinsam Richtung Ei eilen können.

Frage: Wenn ich die Mens nur einen Tag habe, bin ich dann schwanger?

Dr. Klasto: Sehr unwahrscheinlich, kann aber trotzdem sein. Vielleicht war das auch nur der Vorbote zur Mens, oder es waren Schmierblutungen. Sollte die Mens nicht mehr kommen, geh bitte zu deinem Gynäkologen oder zu deiner Hebamme.

Frage: Kann man durch Pendeln herausfinden, ob man schwanger ist oder nicht?

Dr. Klasto: Höchstens, wenn du mit einem eben benutzten Schwangerschaftstest pendelst.

Frage: Ich habe Schwangerschaftsanzeichen, Übelkeit und Schwindel, aber mein Eisprung war erst vor ein paar Tagen. Heißt das, dass ich jetzt schwanger bin?

Dr. Klasto: Ich glaube eher, dir ist einfach übel und schwindlig vor lauter Aufregung. Die Schwangerschaftsanzeichen beginnen normalerweise erst kurz vor der Periode, aber noch eher erst danach. Sollte deine Menstruation nicht kommen, dann mach einen Test oder geh zu deinem Gynäkologen oder deiner Hebamme.

Frage: Ich habe gehört, dass pures Joghurt und Quark bei einer Pilz-infektion in der Vagina helfen sollen. Wenn ich den esse, wie kommt er dann dahin?

 Dr. Klasto: Nein, nicht essen, sondern dorthin schmieren, wo es juckt. Das kann gegen die Bakterien helfen und den Säurehaus-halt ausgleichen, und bei gekühltem Joghurt oder Quark wirkt auch die Kälte angenehm. Aber bei schwerwiegenden Pilzinfekten solltet ihr doch den Storchendoktor aufsuchen.

Frage: Kann ich auch ohne Einnistungsblutung schwanger werden?

 Dr. Klasto: Ja, das ist kein Pflichtprogramm.

Frage: Gibt es auch Zyklen ohne Eisprung?

 Dr. Klasto: Ja, das kann schon mal vorkommen.

Frage: Kann man auch zwei Eisprünge in einem Zyklus haben?

 Dr. Klasto: Ja, auch das geht, schließlich gibt es ja zweieiige Zwillinge.

Frage: Ich habe gelesen, man könne von einem Quickie nicht schwanger werden, stimmt das?

 Dr. Klasto: Nur, wenn der Quickie nicht während der fruchtbaren Zeit ist, ansonsten kann man davon genauso schwanger werden wie auch sonst. Sex ist Sex.

Frage: Schwanger von einem „One-Night-Stand"? Geht das?

 Dr. Klasto: Ja klar, oder ist ein „One-Night-Stand" kein Sex?

Frage: Mein Freund will erst in ein paar Jahren ein Baby, ich kann aber so lange nicht warten. Ich glaub, ich werde einfach die Pille absetzen, denn wenn ich einmal mit der erfreulichen Nachricht antanze, dann wird er sich schon freuen, oder?

 Dr. Klasto: Das ist keine gute Strategie, denn ein Baby ist keine Anschaffung wie ein neues Paar Schuhe. Ihr müsst es beide wollen. Oder möchtest du das Baby allein erziehen?

Frage: Darf ich eigentlich baden, wenn ich einen Kinderwunsch habe? Ich habe nämlich gehört, dass man nicht heiß baden darf, wenn man schwanger ist.

 Dr. Klasto: Du darfst baden. Und auch Schwangere dürfen nur nicht zu heiß baden! Oder badest du in 42 Grad heißem Wasser? Also, Körpertemperatur und darunter ist völlig okay, auch wenn du schon schwanger sein solltest.

Frage: Mein Doc hat mir ein Gelbkörperhormonpräparat verordnet, kann ich trotzdem weiter die Temperatur messen?

Dr. Klasto: Kannst du, bringt aber nichts, da dieses Medikament die Temperatur länger in Hochlage hält und somit das Ergebnis verfälscht.

Frage: Wie viel Sex ist zu viel? Ich lese überall, man soll nicht so oft Sex haben, weil es sonst nicht klappt.

Dr. Klasto: Das gibt es nicht, zu viel Sex … Vielleicht sollte man sich auf einmal am Tag „beschränken", weil sonst tatsächlich die Quantität der Spermien abnehmen kann, aber wenn ihr öfter Lust habt, dann macht einfach.

Frage: Ich soll ja die Sex-Tage in das Zyklusblatt eintragen. Was ist aber, wenn ich kurz vor Mitternacht Sex habe, der erst nach Mitternacht endet? Wann trage ich das dann ein?

Dr. Klasto: Wir Klastos denken ja mit, hier im Buch kannst du also das Kreuzchen auf der Linie zwischen den Tagen eingeben.

Im Reich der Abkürzungen

Mein lieber Storch, kommt es dir auch manchmal so vor, als würde deine Störchin nur in Rätseln sprechen? Verstehst du nur „Bahnhof", wenn sie über ihren Zyklus oder den Kinderwunsch redet? Hier sind die gängigsten Abkürzungen auf diesem Gebiet zusammengefasst. Lerne die Abkürzungen, vielleicht sprecht ihr ja dann die gleiche Sprache.

A

AS   Ausschabung, muss manchmal gemacht werden, wenn deine Störchin ihr Baby verloren hat, damit alle „Reste" aus der Gebärmutter entfernt werden können. Informiere dich aber, ob es bei dir im Fall des Falles wirklich notwendig ist, und hole vor dem Eingriff wenn möglich eine Zweitmeinung ein.

B

BS   Bauchspiegelung, wird manchmal gemacht, um festzustellen, ob deine Schwimmer auch beim Ei ankommen können, denn es wird die Durchgängigkeit der Eileiter geprüft.

C

CL   Cover Line beim Temperaturmessen ist, in einfachen Worten, ein Durchschnittswert der Aufwachtemperatur der ersten Zyklushälfte, über der die Temperatur konstant bleiben sollte, wenn eine Schwangerschaft besteht.

Clomi   Clomifen ist ein Wirkstoff, der den Eisprung fördert.

E

ES   Bei einem 28-Tage-Zyklus findet der Eisprung ca. am 14. Tag statt und wenn ihr nun genug Sex hattet, wird das Eilein hoffentlich befruchtet und nistet sich ein.

F

FA/FÄ   Frauenarzt oder Frauenärztin

FG   Fehlgeburt, eine zu früh endende Schwangerschaft

FS   Folsäure

G

GK   Der Gelbkörper ist praktisch die Hülle oder anders gesagt die Basis vom Ei, welches gesprungen ist, und produziert das Gelbkörperhormon.

GKH   Gelbkörperhormon ist nötig, damit eine Schwangerschaft bestehen bleiben kann.

GKS   Eine Gelbkörperschwäche besteht, wenn die Störchin nicht genug von dem Gelbkörperhormon produziert.

GV   Geschlechtsverkehr, Sex

H

HCG   Humanes Choriongonadotropin ist ein Hormon, welches nur in der Schwangerschaft produziert wird und sich am Anfang der Schwangerschaft jeden zweiten Tag verdoppelt.

K

KH   Krankenhaus, naja, das muss ich ja nicht erklären.

KIWU   Kinderwunsch heißt es, wenn ihr ein Baby möchtet.

KL   Kontrolllinie bei einem Schwangerschaftstest oder Ovulationstest, die sich bilden muss, um zu sehen, ob der Test in Ordnung ist

M

MA   missed abortion, eine zu früh endende Schwangerschaft

Medi oder Med   Medikamente, die während der Kinderwunschzeit genommen werden

Mens   Eine Periode bedeutet, dass eine Störchin einmal im Monat aus der Gebärmutter blutet, weil die Schleimhaut, die sich gebildet hat, abgestoßen wird.

Mönpf   Mönchspfeffer ist ein naturheilmedizinisches Mittel zum „Einrenken" des Zyklus der Störchin.

MS   Den Mittelschmerz (Eisprung) spüren manche Störchinnen, meist mittig im Unterleib.

MuMu   Der Muttermund, nein, nicht der Mund deiner Mutter, das ist praktisch der „Eingang" für die Spermien zur Gebärmutter.

N

NFP   Natürliche Familienplanung meint das tägliche Messen der Aufwachtemperatur, die Beobachtung des Zervixschleims und die Auswertung dieser Daten im Zyklusblatt.

NMT   Nicht-Menstag ist der Tag, an dem die Menstruation hoffentlich nicht kommt.

O

OVU   Ovulationstest, Urintest zum Bestimmen des Eisprungtages

P

PMS   Das Prämenstruelle Syndrom zeigt sich kurz vor der Periode der Störchin, wenn sie so gereizt ist und Storch ihr nichts recht machen kann.

PT   Positiver Test, positiver Schwangerschaftstest

S

SB   Schmierblutung, die außerhalb der Periode stattfindet

Silopo   Sinnloses Posting im Internet

SS   Schwangerschaft, erklärt sich ja von selber

SST   Schwangerschaftstest, ein Urintest, der anzeigt, ob die Störchin ein Baby bekommt oder nicht

SSW   Schwangerschaftswoche, so weit ist die Schwangerschaft vorangeschritten

T

Tempi   Temperatur, genauer gesagt Aufwachtemperatur, die jeden Morgen gemessen und in der Zyklustabelle eingetragen wird.

TL   Testlinie bei einem Schwangerschafts- oder Ovulationstest, auch Kontrolllinie

U

US   Ein Ultraschall, meist ein Vaginalultraschall, wird gemacht, um zu schauen, ob alles okay ist bei der Störchin, oder um zu sehen, ob schon ein Eilein herangereift ist. Auch der Eisprung ist feststellbar, dann kommt's mal wieder darauf an ...

ÜZ   Der Übungszyklus verheißt Spaß und Sex jeden Monat aufs Neue, er ist aber auch ein Zeichen, wie viele Monate ihr schon an einem Baby übt.

V

VL   Die Verdunstungslinie beim SST ist eine zweite Linie auf dem Schwangerschaftstest, die ganz dünn ist und bei einer Schwangerschaft entsteht.

Z

ZB   Zyklusblatt ist die Tabelle, in die die Störchin vielleicht jeden Tag die Aufwachtemperatur und die Beschaffenheit des Zervixschleims einträgt.

ZH   Die Zyklushälfte resultiert daraus, dass ein Zyklus aus zwei Hälften besteht. Die erste ZH ist jene, in der das Ei heranreift, die zweite ist jene, in der sich das befruchtete Ei hoffentlich einnistet oder in der es eben nicht befruchtet wird und die Mens am Ende kommt.

ZK   Zyklus, meist 28 Tage, bei manchen Störchinnen mehr, bei manchen weniger

ZT   Zyklustag ist der Tag im Zyklus, an dem sich die Störchin befindet.

ZV   Zervixschleim, das ist das Feuchte, was du vielleicht beim Sex bemerkst. Um den Eisprung herum ist er feuchter als sonst.

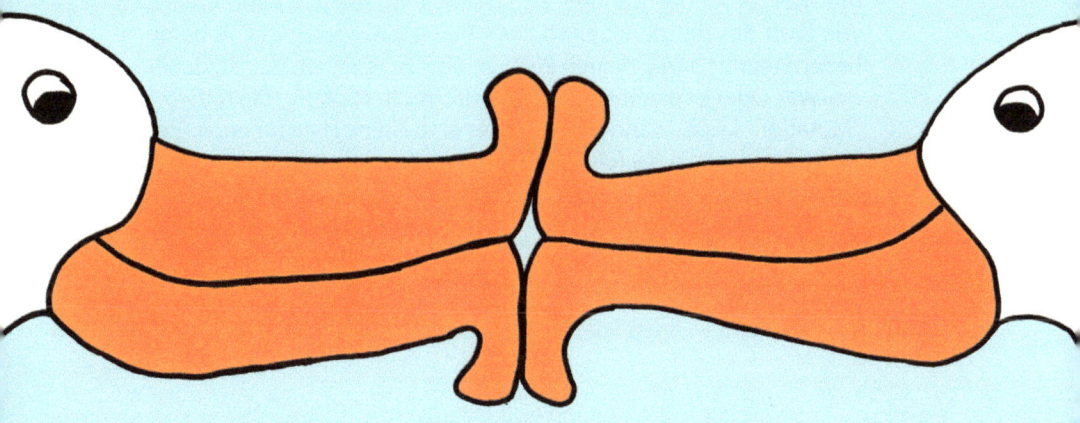

Der Befruchtungskorso

Moment mal! Bevor die Störchin im Befruchtungskorso anfängt, ihre Körperbeobachtungen zu notieren, überlegt nochmal kurz. Wie läuft das mit dem Sex so zwischen euch? Horch mal in deine Federn rein und frag deinen Partner, ob der Sex noch der ist, der er mal war. Oder ist er eher zu einem MUSS mutiert? Wenn die Antwort „Mutation" lautet, dann habe ich hier eine kleine Hilfe für euch. Beantwortet einfach die folgenden Fragen:

   Wie oft habt ihr Sex in der Woche/Monat?

   Macht es noch Spaß? Oder ist es ein Muss?

   Was hat früher guten Sex ausgemacht?

   Wie hat sich euer Sexleben verändert?

   Was denkst du, wie ihr wieder frischen Wind in euer Sexleben bringen könnt?

> *„Euer Sex soll kein Muss sein, sondern Spaß machen."*

So klappt's mit dem Befruchtungskorso!

Die kostengünstigste Methode, den natürlichen weiblichen Zyklus kennenzulernen, ist der Befruchtungskorso, auch sympto-thermale Methode genannt. Diese Methode basiert auf einer Mischung von Zervix-Schleim- und Basaltemperatur-Beobachtung. Der Vorteil dieser Methode ist, dass sie ohne größere Hilfsmittel durchzuführen und nicht kostenintensiv ist. Langfristig gesehen benötigt man lediglich Fingerspitzengefühl, ein Thermometer, Schreibpapier, einen Stift – und eventuell einen Wecker.

Wer sich für die sympto-thermale Methode entscheidet, kann sich ab sofort mit der Beschaffenheit seines Zervix-Schleims beschäftigen. Mit den Fingerspitzen lässt sich am besten erfühlen, ob der Schleim in der Scheide eher klumpig (wenig fruchtbar) oder spinnbar (fruchtbar) ist. Zum Eisprung hin wird der Schleim nach und nach dünnflüssiger, und wenn er sich in etwa so anfühlt wie flüssiges Eiweiß, dann ist auch das springende Körper-Ei nicht mehr weit. Wie ihr bereits wisst, ist es für einige Langsam-Schwimmer-Spermien zu spät, erst an „spinnbaren" Tagen Sex zu haben, da sie das Ei so nicht rechtzeitig erreichen würden. Ihr könnt euch daher guten Gewissens euren Trieben hingeben, sobald sich der Schleim nicht mehr klumpig, sondern in irgendeiner Form „fruchtbar" anfühlt. Dies dürfte, je nach Zykluslänge, so ab dem 10. Zyklustag (plus minus) der Fall sein. Das Einsetzen der Menstruation bezeichnet man als 1. Zyklustag.

Zur genauen Bestimmung der fruchtbaren (und für die spätere Verhütung: zur Bestimmung der unfruchtbaren) Tage kommt nun das Thermometer zum Einsatz: Die morgendliche Aufwach-Temperatur sollte mit einem empfindlichen (Digital-)Thermometer gemessen werden. Die genauen Mess-Zeiten und Mess-Ergebnisse sollte man sich aufschreiben und diverse außergewöhnliche „Ereignisse" notieren, denn z.B. später zu Bett gehen und weniger Schlaf, Ortsveränderungen (z.B. auf Reisen) oder Alkoholkonsum können das Resultat (zumeist nach oben hin) verfälschen.

Um die sogenannte „Basaltemperatur" zu messen, sollte jeden Tag um die gleiche Uhrzeit am gleichen Ort Temperatur gemessen werden. Sehr zuverlässig ist eine rektale Messung (im Po), und zwar am besten noch vor dem ersten Aufstehen, denn jede Körperaktion treibt die morgendliche Körpertemperatur in die Höhe. Digitale Thermometer zeigen nach „pieps" innerhalb weniger Minuten ein zuverlässiges Ergebnis an und speichern dieses auch, sollte man vor dem Notieren der Messwerte versehentlich wieder einschlafen... Ein Ohr-Thermometer, mit dem man sicherheitshalber in beiden Ohren misst und den höheren Wert notiert, kann innerhalb weniger Sekunden rasche, wenngleich nicht ganz so treffsichere Auskünfte geben.

Üblicherweise steigt die Temperatur etwa zwei bis drei Tage nach dem Eisprung um ca. 0,2 Grad Celsius an und bleibt dann erhöht. Der Wert sinkt – sollte keine Befruchtung stattgefunden haben – erst wieder um den Menstruationszeitpunkt herum ab. Für Paare mit Kinderwunsch heißt es also, die Tage vor dem Temperaturanstieg besonders „fleißig" zu sein. Als Grundregel gilt: Ist die Temperatur noch nicht angestiegen und ist der Schleim noch „fruchtbar", darf mit jeder Menge Sex dem Baby aktiv auf die Sprünge geholfen werden. Bleibt die Basaltemperatur über mehr als 14 Tage konstant erhöht, kann man langsam aber sicher von einer Schwangerschaft ausgehen. Bleibt die Temperatur dauerhaft erhöht, braucht es zur Bestimmung der Schwangerschaft nicht einmal mehr einen eigenen Schwangerschaftstest, die erhöhte Temperatur ist dann quasi der alternative Schwangerschafts-Beweis.

Auf den nächsten Seiten finden sich ein ausgefülltes Zykluskurven-Musterblatt sowie eine Kopiervorlage zur Durchführung der sympto-thermalen Methode. Weitere Informationen gibt es zum Beispiel im Internet unter der Adresse **www.iner.org**, ein sehr gut besuchtes Forum zum Erfahrungsaustausch findet sich etwa unter **www.nfp-forum.de** (NFP steht für „Natürliche Familienplanung"). Übrigens: Früher, als die sympto-thermale Methode noch nicht „erfunden" war, bedienten sich viele Frauen der bloßen „Temperatur"- bzw. „Schleim"-Methode nach Billings. Da die sympto-thermale Methode allerdings die Chancen auf eine Schwangerschaft deutlich erhöht, rate ich euch, direkt mit der sympto-thermalen Methode anzufangen. Nur zu! Es macht Spaß, seinen Körper zu erforschen. Allerdings solltet ihr euch, vor allem nach längerer Pillen-Einnahme, erst mal ein paar Monate Eingewöhnungsphase gönnen. In einer neuen Firma ist man ja auch nicht gleich Abteilungsleiter.

Der Befruchtungskorso: Musterzyklus

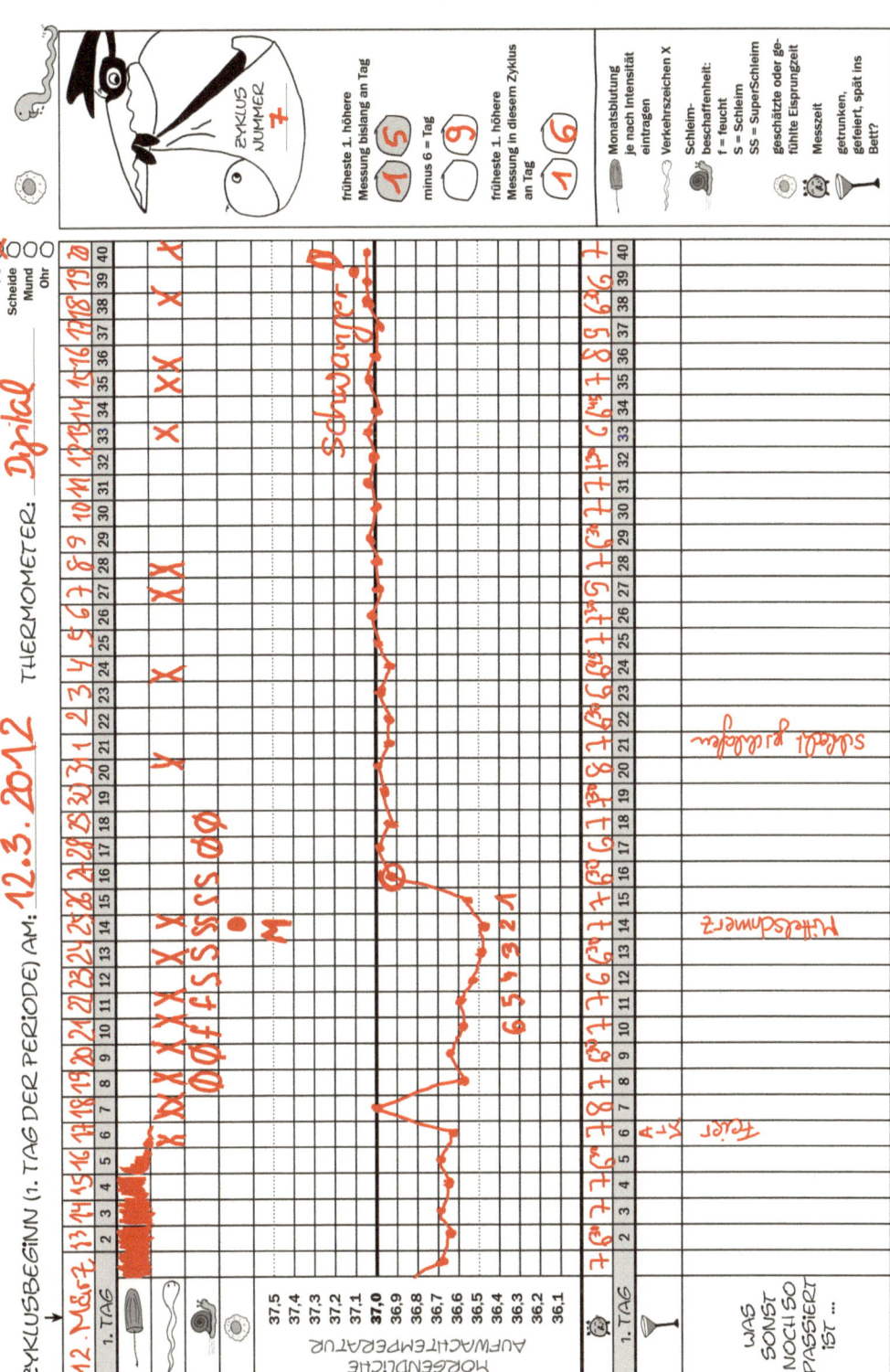

ZYKLUSBEGINN (1. TAG DER PERIODE) AM: _____

1. TAG	2	3	4	5	6	7	8	9	10	11	12	13	14	15	16	17	18	19	20	21	22	23

MORGENDLICHE AUFWACHTEMPERATUR

37,5																							
37,4																							
37,3																							
37,2																							
37,1																							
37,0																							
36,9																							
36,8																							
36,7																							
36,6																							
36,5																							
36,4																							
36,3																							
36,2																							
36,1																							

1. TAG	2	3	4	5	6	7	8	9	10	11	12	13	14	15	16	17	18	19	20	21	22	23

WAS
SONST
NOCH SO
PASSIERT
IST ...

THERMOMETER: _____

Po ○
Scheide ○
Mund ○
Ohr ○

24	25	26	27	28	29	30	31	32	33	34	35	36	37	38	39	40

ZYKLUS NUMMER
_____

früheste 1. höhere
Messung bislang an Tag

minus 6 = Tag

früheste 1. höhere
Messung in diesem Zyklus
an Tag

24	25	26	27	28	29	30	31	32	33	34	35	36	37	38	39	40

Monatsblutung
je nach Intensität
eintragen

Verkehrszeichen X

Schleim-
beschaffenheit:
f = feucht
S = Schleim
SS = SuperSchleim

geschätzte oder ge-
fühlte Eisprungzeit

Messzeit

getrunken,
gefeiert, spät ins
Bett?

Kopiervorlage

www.editionriedenburg.at

Ausgewählte Titel der edition riedenburg

Buchreihen

Ich weiß jetzt wie! Reihe für Kinder bis ins Schulalter

SOWAS! – Kinder- und Jugend-Spezialsachbuchreihe

Verschiedene Alben für verwaiste Eltern

Einzeltitel

Alle meine Tage – Menstruationskalender

Annikas andere Welt – Psychisch kranke Eltern

Aus dem Schmerz in die Freiheit – Missbrauch

Baby Lulu kann es schon! – Windelfreies Baby

Besonders wenn sie lacht – Lippen-Kiefer-Gaumenspalte

Bitterzucker – Nierentransplantation

Das doppelte Mäxchen – Zwillinge

Das große Storchenmalbuch mit Hebamme Maja

Das Wolfskind auf der Flucht – Zweiter Weltkrieg

Der Kaiserschnitt hat kein Gesicht – Fotobuch

Diagnose Magenkrebs ... und zurück ins Leben

Die Josefsgeschichte – Biblisches von Kindern für Kinder

Die Nonnenfrau – Austritt aus dem Kloster

Drei Nummern zu groß – Kleinwuchs

Egal wie klein und zerbrechlich – Erinnerungsalbum

Ein Baby in unserer Mitte – Hausgeburt und Stillen

Finja kriegt das Fläschchen – Für Mamas, die nicht stillen

Frauenkastration – Fachwissen und Frauen-Erfahrungen

Ich war ein Wolfskind aus Königsberg – DDR und BRD

Jutta juckt's – Neurodermitis

Klara weint so viel – Schreibaby

Konrad, der Konfliktlöser – Konfliktfreies Streiten

Lass es raus! Die freie Geburt

Lilly ist ein Sternenkind – Verwaiste Geschwister

Lorenz wehrt sich – Sexueller Missbrauch

Luxus Privatgeburt – Hausgeburten in Wort und Bild

Machen wie die Großen – Rund ums Klogehen

Maharishi Good Bye – Tiefenmeditation und die Folgen

Mama und der Kaiserschnitt – Kaiserschnitt

Mamas Bauch wird kugelrund – Aufklärung für Kinder

Manchmal verlässt uns ein Kind – Erinnerungsalbum

Meine Folgeschwangerschaft – Schwanger nach Verlust

Meine Wunschgeburt – Gebären nach Kaiserschnitt

Mein Sternenkind – Verwaiste Eltern

Mini ist zu früh geboren – Frühgeburt

Mit Liebe berühren – Erinnerungsalbum

Mord in der Oper – Bellinis letzter Vorhang

Nasses Bett – Einnässen

Oma braucht uns – Pflegebedürftige Angehörige

Oma war die Beste! – Trauerfall in der Familie

Pauline purzelt wieder – Übergewichtige Kinder

Regelschmerz ade! Die freie Menstruation

So klein, und doch so stark! – Extreme Frühgeburt

So leben wir mit Endometriose – Hilfe für betroffene Frauen

Soloschläfer – Erholsamer Mutter-Kind-Schlaf ohne Mann

Tragekinder – Das Kindertragen Kindern erklärt

Und der Klapperstorch kommt doch! – Kinderwunsch

Und wenn du dich getröstet hast – Erinnerungsalbum

Unser Baby kommt zu Hause! – Hausgeburt

Unser Klapperstorch kugelt rum! – Schwangerschaft

Unsere kleine Nina – Babys erstes Jahr

Volle Hose – Einkoten

Wann kommt die Sonne? – Lebertransplantation

Wenn der Krieg um 11 Uhr aus ist, seid ihr um 10 Uhr alle tot! – Schulprojekt zum ehemaligen KZ-Außenlager Obertraubling

Bezug über den (Internet-)Buchhandel in Deutschland, Österreich und der Schweiz.